# ONDAS EN EL ESTANQUE

## *Aforismos*

CARMEN HERNÁNDEZ MONTALBÁN

Aliar ediciones

Corrección: Eladia Guerrero
Diseño de cubierta: Jaime Galisteo

Maquetación: Aliar Ediciones

Depósito Legal: GR 389-2025
ISBN: 979-13-87590-76-5

Impreso en España

Edita
ALIAR Ediciones
**www.aliarediciones.es**
*info@aliarediciones.es*

# ONDAS EN EL ESTANQUE

*Aforismos*

CARMEN HERNÁNDEZ MONTALBÁN

# DUNAS DE AGUA

El expresivo título *Ondas en el estanque*, de Carmen Hernández Montalbán, tan contundente y visual, recuerda de inmediato el haiku más celebrado del clásico japonés Matsuo Bashō: «Un viejo estanque. / Se zambulle una rana, / ruido del agua». El epígrafe parece el umbral de una introspección meditativa, un deseo de profundizar en la observación y trasladar sus dibujos verbales a la escritura. Naturalmente, entre la estrofa japonesa y el decir preciso del aforismo abundan los rasgos diferenciales; pero ambas estrategias expresivas comparten el afán de desprendimiento. Mantienen la pupila alerta, a punto de ver, ante un paisaje que exige capacidad sensorial y toma de conciencia; un minucioso cotejo de las estribaciones intimistas del yo interior.

Esta salida a descubierta de los aforismos requiere una aproximación inmediata sobre el tiempo de plenitud que vive esta modalidad expresiva. Durante siglos ha tenido una presencia secundaria entre los géneros literarios, sobre todo entre la novela y la poesía. Se desconocía casi al completo la tradición literaria en el tiempo y la obra de sus protagonistas más celebrados. Pero las redes digitales, entre otros factores, tan proclives a la inmediatez, los asuntos cambiantes y la urgencia de titulares efímeros han rescatado al minimalismo verbal de la condición precaria del ángel caído. Carmen Hernández Montalbán se incorpora gustosa al mediodía aforístico y reúne sus textos en las páginas de *Ondas en el estanque*, un libro con voluntad de ser y existir que refleja, con agudeza y concisión, un mundo cercano, fragmentario y disperso.

Desde el comienzo de la entrega se percibe una evidente inclinación hacia lo poético, hacia lo que se ha dado en llamar «aforismo lírico», frente a otras modalidades como los aforismos éticos o filosóficos que alumbran una clara tendencia moralizante. La sensibilidad de la autora entrelaza en cada esqueje verbal lenguaje coloquial y sentido poético. Así se vislumbra en estos ejemplos: «Tómate un baño de brisa, así espantarás tus miedos recordando el vuelo de los pájaros», «En el mar habitan todas las melodías del universo». Los escuetos desarrollos verbales no hablan de instantáneas provocadas por situaciones concretas, sino que alumbran ideas que reflejan el continuo vaivén del pensamiento. La mirada es vigilia. Reclama los rasgos sutiles de cada detalle, siempre alejados de cualquier afectación, vestidos de humildad y cristalina transparencia. De este modo, cada aforismo contiene sendas invisibles de exploración y conocimiento; la voz de alguien que sabe que «la respuesta ha de vestirse con el traje de la interrogación», aunque la realidad se disfrace de objetividad y cercanía.

En *Ondas en el estanque* se establece un diálogo a dos voces entre palabras e imágenes. Los *collages* de Carmen Hernández Montalbán son etéreas construcciones imaginarias que firman alianzas con lo simbólico; no son instantáneas decorativas sino semillas que abren surco a las palabras para que estas se conviertan en dunas de agua.

La propuesta de Carmen Hernández Montalbán, en su aparente sencillez, resulta compacta y bien construida. En ella conviven el tono meditativo de la filosofía existencial y la voz conversacional de los sentidos, aderezada con un abundante despliegue de imágenes en torno a los sentimientos. La escritora encontró la belleza de esta forma breve en las obras del poeta, pintor y filósofo libanés Kahlil Gibran, cuyos aforismos atesoran hondura emotiva y conocimiento filosófico. Aquel magisterio impulsó una obra que entiende esta forma breve como un horizonte de significación, como un puente que enlaza sabiduría y el pensamiento. Con hábito paciente, su biblioteca ha ido sumando enunciados célebres de escritores, pensadores o artistas que han dado continuidad al despliegue verbal del aforismo en las voces de Antonio Machado, Rafael Sánchez Ferlosio y contemporáneos como Andrés Trapiello, José Luis Morante, Miguel Cobo Rosa y Miguel Ángel Arcas.

En Carmen Hernández Montalbán la síntesis del pensamiento se conjuga con la práctica del *collage* digital, desarrollada en el intervalo temporal de los dos últimos años, en un ejercicio de taller, capaz de enriquecer la relación entre ideas e imágenes. Sin duda, con un gusto autodidacta, acaso fomentado por las nuevas tecnologías, que se consolidan como puertas para explorar novedosas técnicas de creación de imágenes y vídeos.

Los enunciados sentenciosos de *Ondas en el estanque* hacen de la búsqueda un punto de fuga. Plantean una vigilia sensible para que afloren las voces del silencio. Mantienen en su brevedad el entusiasmo de quien sabe que las palabras siempre necesitan la libertad del vuelo de algún pétalo.

***José Luis Morante***

Tómate un baño de brisa, así espantarás tus miedos recordando el vuelo de los pájaros.

En el mar habitan

todas las melodías del universo.

Cuando dos almas se encuentran,

el universo ha escrito un poema.

No derrames tu perfume inútilmente, hay vientos distraídos que no entienden de perfumes exquisitos.

Los mundos mayúsculos no serían nada

sin la sutileza del detalle.

No sientas vergüenza de mostrar tu fragilidad,

los pájaros son frágiles y sin embargo vuelan.

A
B

Volar nunca ha sido una maniobra fácil,

pero hay que seguir intentándolo.

Cuando sientas que tu vida está patas arriba,
gira ciento ochenta grados, la perspectiva te aportará
nuevos puntos de vista.

La respuesta ha de vestirse siempre

con el traje de la interrogación.

A veces las grietas son necesarias porque

nos enseñan que la rigidez no favorece la armonía.

Como la lluvia de primavera,

la verdad camina junto a la luz.

No por cortar unas alas dejan las plumas de volar.

Deja volar a los pájaros del árbol que te habita.

CH.M.

Hay paraísos que solo son visibles a los ojos

de los que saben mirar.

Escribe sobre el agua tu angustia,

la corriente te hablará de lo efímero de las cosas.

La luz inunda, crea espacios
de trasparencia y libertad.

La música deja volar a los pájaros de la emoción

y su aleteo es contagioso.

La naturaleza, prescindiendo del lenguaje humano, compone versos difícilmente superables.

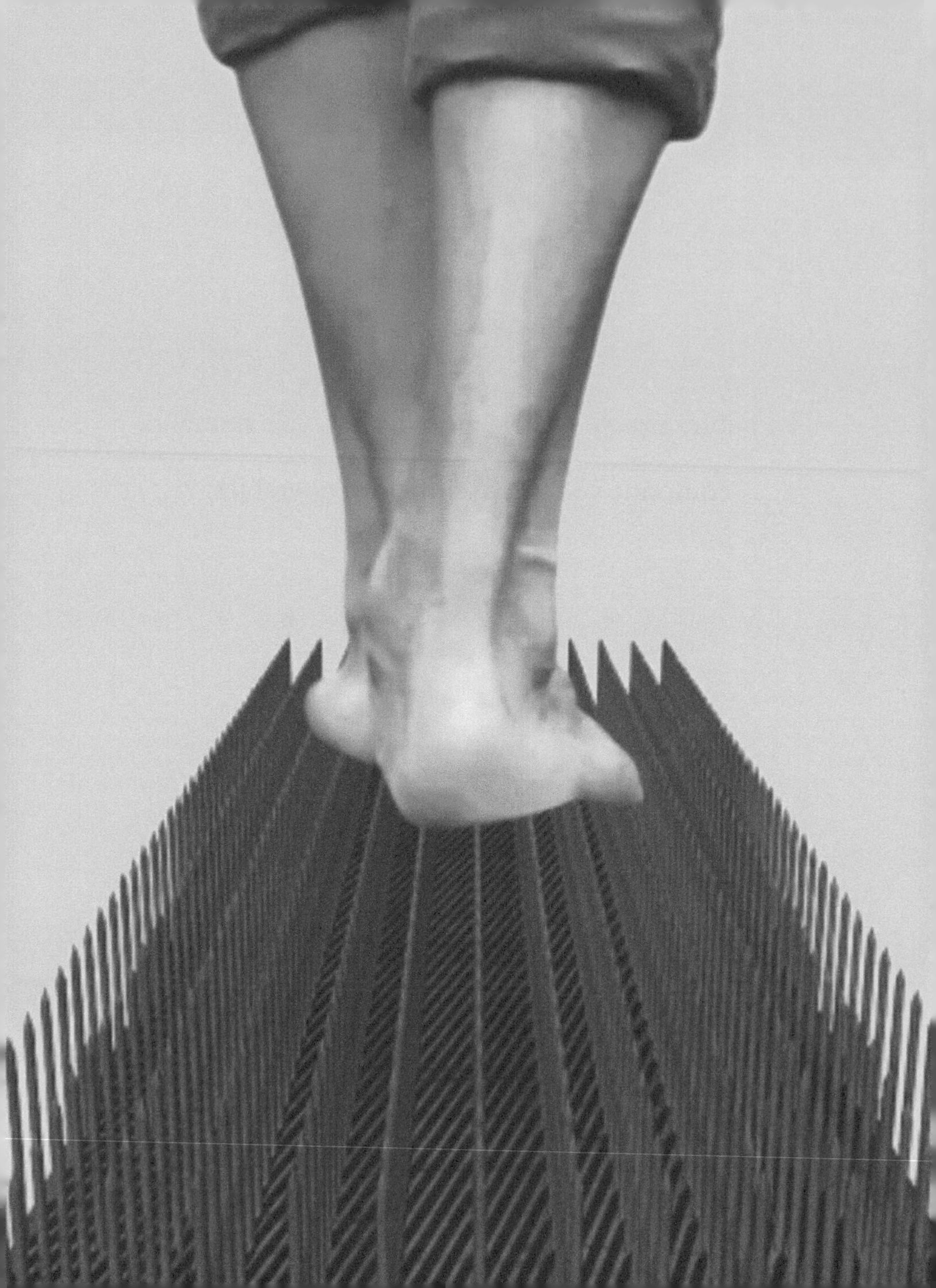

Los músculos del espíritu se ejercitan

en los obstáculos que la experiencia nos pone.

El miedo sabotea tus posibilidades de salir indemne.

La contemplación no admite juicios,

en ella el ego no juega ningún papel.

En la luz del desierto se encuentra
la memoria del oasis.

¿Para qué sirve soñar?

Para crear un mundo de posibilidades.

La ilusión llena de color las horas grises

como un presagio venturoso.

Canyon
Howard
RANCHO
SAN JUAN
Alisos
CAT CANYON
OIL FIELD
BLOCHMAN
SCHOOL
H I L L S
Δ EL.1066
MARE NIGRUM
POLONIA
TURCIA EUROPEA
TURCIA
CEMETERY
White Hills
JOHNS-MANSVILLE
PLANT
OAK PARK
RESIDENTIAL
CAMP
MIGUELITO
PARK
LOMPOC
HILLS
La Haya
Δ Oak Mtn.
The Espada

Hagamos de la humanidad la patria

que a todos nos cobije y de la empatía bandera.

Cuídate de quien se prodiga en halagos,
la manipulación, a veces, oculta sus espinas
en puñados de diamantes.

Disertar ante un público inapropiado

es como hablar frente a un auditorio vacío.

Imita el movimiento de las alas,

danza con el viento de la vida amorosamente,

solo así aprenderás a volar.

Los sueños son los vapores del té de las vivencias.

Los contrastes, las mixturas, las mezclas,

enriquecen nuestro acervo

y amplían nuestro horizonte.

La belleza se despereza en lo natural,

en lo artificial se re-crea.

*Este libro se terminó de editar en Granada*
*en marzo de 2025 por*

www.aliarediciones.es
*info@aliarediciones.es*